DANIEL SIQUEIRA

Organizador

Novena de Santa Teresa de Calcutá

DIREÇÃO EDITORIAL: Pe. Fábio E. Resende Silva, C.Ss.R.
COORDENAÇÃO EDITORIAL: Ana Lúcia de Castro Leite
COPIDESQUE: Ana Lúcia de Castro Leite
REVISÃO: Luana Galvão
DIAGRAMAÇÃO E CAPA: Mauricio Pereira

Textos bíblicos extraídos da *Bíblia de Aparecida*, Editora Santuário, 2006.

ISBN 978-85-369-0458-0

2ª impressão

Todos os direitos reservados à **EDITORA SANTUÁRIO** – 2016

 Composição, CTcP, impressão e acabamento:
EDITORA SANTUÁRIO - Rua Padre Claro Monteiro, 342
12570-000 - Aparecida-SP - Fone: (12) 3104-2000

Santa Teresa de Calcutá

Madre Teresa de Calcutá, como é popularmente conhecida, nasceu na atual Albânia em 1910. Seu nome de batismo era Agnes Gonxha Bojaxhiu, e seus pais eram comerciantes albaneses. Ainda na adolescência, ingressou na Congregação de Nossa Senhora de Loreto, no ano de 1928. Foi enviada para a Índia, então colônia do Império Britânico, onde emitiu seus votos religiosos em 1931, assumindo o nome de Irmã Maria Teresa. A jovem religiosa foi professora, em Darjeeling e em Calcutá, nos Colégios que a Congregação de Nossa Senhora de Loreto mantinha para educar as filhas das ricas famílias indianas.

Sempre que saía às ruas, via-se muito sensibilizada com a pobreza e a miséria em que vivia a grande maioria da população da Índia. Em 1946, durante uma viagem de trem, sentiu um chamado de Deus e decidiu começar um trabalho com os mais necessitados. Deixou a Congregação de Loreto, subordinando-se ao arcebispo de Calcutá, onde começou a dar aulas para crianças pobres ao ar livre e a visitar orfanatos e abrigos, levando donativos e uma palavra de consolo aos necessitados.

Algumas das ex-alunas decidiram se juntar a Teresa nessa missão, e, aos poucos, o grupo foi aumentando. Teresa começou a escrever as regras desse novo Instituto, que teve aprovação Pontifícia em 1950. O Instituto foi intitulado Missionárias da Caridade. O trabalho, aos poucos, foi diversificando-se com a abertura de orfanatos, casas de acolhida e de abrigo para doentes, pobres e famintos. Nos anos seguintes, esse trabalho foi expandido por toda a Índia, começando a haver fundações em outras partes do mundo.

Pelo trabalho dedicado aos mais pobres, no ano de 1979, Madre Teresa recebeu o Prêmio Nobel da Paz. Ela ainda foi agraciada com outros prêmios e outras homenagens. O Instituto por ela fundado expandiu-se e hoje está presente em muitos países. Madre Teresa morreu no dia 5 de setembro de 1997, aos 87 anos. Foi beatificada pelo Papa João Paulo II em 19 de outubro de

2003 e canonizada pelo Papa Francisco no dia 4 de setembro de 2016. Madre Teresa é a Padroeira dos pobres e incapacitados.

Pedimos a Santa Teresa de Calcutá que nos ajude a ter um coração atento e aberto às necessidades daqueles que mais precisam de nosso amparo.

Oração inicial

Vinde, ó Deus, em meu auxílio e socorrei-me em minhas necessidades. Começando esta novena, coloco-me na presença da Trindade Santa, rezando: **Em nome do Pai † do Filho e do Espírito Santo. Amém.**

Pai de bondade, assim como fizestes com Santa Teresa de Calcutá, vós sempre suscitais no meio de vosso povo pessoas que, com coração aberto e generoso, colocam suas vidas a serviço daqueles que mais precisam. Neste momento, coloco-me em vossa presença e peço-vos que, por intercessão de Santa Teresa de Calcutá, possais ouvir e atender a minha súplica e a minha necessidade. *(Apresentar os pedidos pessoais.)*

Santa Teresa de Calcutá, vós que fostes toda de Deus, ajudai-me também a alcançar a graça de ser todo de Deus. Amém.

Oração final

Finalizando esta novena, quero elevar mais uma vez ao Deus da vida a minha prece, rezando por minha família, por todas as pessoas que estão a minha volta, por todos aqueles que sofrem e por todos os necessitados. Peço que o Senhor possa sempre estar junto deles, principalmente nos momentos mais difíceis. Assim eu rezo:

Pai, Nosso, que estais nos céus...

Que Nossa Senhora, socorro daqueles que sofrem, possa também estar sempre junto de mim, carregando-me em seu colo de mãe. Assim, a ela dirijo-me rezando:

Ave, Maria, cheia de graça...

Oração de Santa Teresa de Calcutá

Que a paz esteja dentro de você hoje. Que você creia estar exatamente onde você deve estar. Que você acredite nas infinitas possibilidades que nascem do destino. Que você usufrua as graças que recebeu e passe adiante o amor que lhe foi dado. Que você seja feliz sabendo que é um filho de Deus. Que você deixe a presença de Deus entrar em seu corpo e permita sua alma a liberdade de cantar, dançar, orgulhar-se e amar. Ele está lá, para cada um de nós.

Abençoe-me o Deus rico em misericórdia. Em nome do Pai † do Filho e do Espírito Santo. Amém.

1º Dia

Teresa de Calcutá: assim nascem os santos

1. Oração inicial *(p. 6)*

2. Palavra de Deus *(Ef 1,3-7)*

Bendito seja o Deus e Pai de nosso Senhor Jesus Cristo, que nos abençoou com toda a sorte de bênçãos espirituais, nos céus, em Cristo. Nele nos escolheu, antes de criar o mundo, para sermos santos e imaculados diante dele no amor, predestinando-nos a sermos seus filhos adotivos, por Jesus Cristo, conforme a decisão de sua vontade, para louvor e glória de sua graça, com a qual nos enriqueceu em seu querido Filho. Nele temos a redenção, por meio de seu sangue, a remissão dos pecados. Palavra do Senhor!

3. Refletindo

O nome de batismo de Teresa de Calcutá era Agnes Gonxha Bojaxhiu. Ela nasceu na atual Albânia, sendo a filha mais nova de um casal de comerciantes albaneses. Sua família era católica, e, desde cedo, a menina despertou para a vocação, principalmente por influência de padres de origem inglesa, que atuavam na região. Assim, aos dezoito anos, a então jovem Agnes sentiu o chamado de Deus para a vida religiosa: ela desejava ser missionária na Índia.

Antes de nascermos, Deus já havia nos escolhido e dado a cada um de nós uma missão especial. Para cumprirmos esta missão, somos agraciados por Deus, durante nossa vida, com toda a sorte de bênçãos. Precisamos ser no mundo sinal dessa grande graça de Deus.

4. Vivendo a Palavra

a) Como vivo minha vocação de filho de Deus e de batizado?

b) Sou sinal da graça de Deus para as pessoas com quem convivo?

5. Oração final *(p. 7)*

2º Dia

Teresa de Calcutá: o chamado de Deus

1. Oração inicial *(p. 6)*

2. Palavra de Deus *(Mt 4,18-22)*

Andando junto ao mar da Galileia, Jesus viu dois irmãos: Simão, chamado Pedro, e André, seu irmão. Estavam lançando a rede ao mar, pois eram pescadores. Jesus disse-lhes: "Segui-me e vos farei pescadores de homens!" Eles deixaram logo suas redes e o seguiram. Mais adiante viu outros dois irmãos: Tiago, filho de Zebedeu, e João, seu irmão. Estavam na barca com seu pai Zebedeu, consertando as redes. Jesus os chamou. Eles logo deixaram a barca e o pai e o seguiram. Palavra da Salvação!

3. Refletindo

Ainda na adolescência, a jovem Agnes Gonxha Bojaxhi ficou, profundamente, encantada ao ler as crônicas de um padre que tinha sido missionário na região de Bengala, na Índia. Desde então, sentindo o chamado de Deus, a jovem, aos dezoito anos, ingressou na Congregação de Nossa Senhora de Loreto. Foi para a Irlanda e depois retornou para a Índia. Deus, no decorrer da história da salvação, sempre convocou pessoas para se consagrarem totalmente a Ele e serem sinal de sua presença no mundo. Assim aconteceu com tantas pessoas no Antigo Testamento e assim também fez Jesus ao chamar os apóstolos para o seguir.

Quando Deus nos convida, devemos ouvir seu chamado e nos colocar a serviço, para que seu reino possa ir se concretizando já aqui neste mundo.

4. Vivendo a Palavra

a) Como tenho respondido ao chamado de Deus em minha vida?

b) Trabalho para que o Reino de Deus seja uma realidade já neste mundo?

5. Oração final *(p. 7)*

3º Dia

Teresa de Calcutá: missionária do Senhor

1. Oração inicial *(p. 6)*

2. Palavra de Deus *(Lc 4,16-20)*
Com a força do Espírito Santo, voltou Jesus para a Galileia, e sua fama espalhou-se por toda a região. Ensinava nas sinagogas deles e era glorificado por todos. Foi a Nazaré, lugar onde tinha sido criado. No sábado, segundo seu costume, entrou na sinagoga e levantou-se para fazer a leitura. Foi-lhe dado o livro do profeta Isaías. Desenrolando o livro, encontrou a passagem em que estava escrito: "O Espírito do Senhor está sobre mim, porque me ungiu para evangelizar os pobres, mandou-me anunciar aos cativos a libertação, aos cegos a recuperação da vista, pôr em liberdade os oprimidos e proclamar um ano de graça do Senhor". Depois enrolou o livro, entre-

gou-o ao servente e sentou-se. Todos na sinagoga tinham os olhos voltados para ele. Palavra da Salvação!

3. Refletindo

O sonho da jovem Agnes de ser missionária se concretizou em 1929, quando ela regressou à Índia para começar seu noviciado em Darjeeling. No ano de 1931, ela emitiu seus primeiros votos assumindo o nome de Irmã Maria Teresa. A jovem irmã se tornou professora de geografia e história no colégio Saint Mary, de Calcutá, frequentado pelas filhas das famílias ricas da cidade.

Deus, em seu imenso amor e em sua imensa misericórdia, sempre quis contar com a ajuda do ser humano para fazer com que o reino por ele sonhado se tornasse realidade no mundo. Por isso, Ele chama pessoas do meio de seu povo e as unge com a força do Espírito Santo, para que sejam enviadas para proclamar sua misericórdia, principalmente, àqueles que já perderam a esperança e estão se sentindo abandonados.

4. Vivendo a Palavra

a) Sou sinal da misericórdia divina no mundo?

b) Procuro viver como alguém que possui a força do Espírito Santo de Deus?

5. Oração final *(p. 7)*

4º Dia

Teresa de Calcutá:
o Cristo, que vive nos sofredores

1. Oração inicial *(p. 6)*

2. Palavra de Deus *(Mt 25,31-40)*
Disse Jesus: "Quando o Filho do homem voltar em sua glória, acompanhado de todos os seus anjos, ele separará as pessoas umas das outras, como o pastor separa as ovelhas dos cabritos. Então o rei dirá aos que estiverem à direita: 'Vinde, benditos de meu Pai, recebei em herança o reino que vos está preparado desde a criação do mundo. Pois eu estive com fome e me destes de comer, estive com sede e me destes de beber, fui estrangeiro e me acolhestes, estive nu e me vestistes, fiquei doente e me visitastes, estive na prisão e me fostes ver'. Os justos então lhe perguntarão: 'Mas, Senhor, quando foi que te vimos com fome e te demos de comer, com sede e te demos

de beber, estrangeiro e te acolhemos, ou nu e te vestimos, doente ou na prisão e te fomos visitar?' Aí o rei responderá: 'Na verdade vos digo: toda vez que fizestes isso a um desses mais pequenos dentre meus irmãos foi a mim que o fizestes!'". Palavra da Salvação!

3. Refletindo

Por muitos anos, Irmã Teresa trabalhou como professora, chegando a ser nomeada diretora de Colégio. Irmã Teresa era uma religiosa muito aplicada à atividade que exerce. Anualmente, realizava seu retiro espiritual; era dedicada à vivência de sua vocação. No entanto, em 1946, ao realizar uma viagem de trem, a religiosa ficou profundamente tocada ao ver um homem doente, abandonado na rua, que, ao vê-la passar, disse: "Tenho sede!" A partir desse acontecimento, ela sentiu dentro si um chamado especial para se dedicar, de forma plena, aos mais pobres e necessitados da Índia. Cristo está vivo nos que mais sofrem, naqueles que são esquecidos pela sociedade. Toda vez que acolhemos um desses pequeninos com amor e misericórdia, é o próprio Jesus que estamos acolhendo em nossa vida.

4. Vivendo a Palavra

a) Tenho um coração sensível para as necessidades das pessoas?

b) Consigo ver Cristo no rosto dos que mais sofrem?

5. Oração final *(p. 7)*

5º Dia

Teresa de Calcutá: missionária da caridade

1. Oração inicial *(p. 6)*

2. Palavra de Deus *(Lc 10,1-9)*

Depois disso, o Senhor designou outros setenta e dois discípulos e mandou-os, dois a dois, a sua frente, a todas as cidades e lugares aonde ele pensava ir. Dizia-lhes: "A messe é grande, mas os operários são poucos; por isso, rogai ao Senhor da messe que mande mais operários para sua messe. Ide! Eu vos envio como cordeiros no meio de lobos. Não leveis bolsa, nem sacola, nem sandálias; e não saudeis ninguém pelo caminho. Em toda casa em que entrardes, dizei primeiro: 'Paz a esta casa!' E se lá houver quem ame a paz, vossa paz ficará com ele; do contrário, ela voltará a vós. Ficai nesta mesma casa, comendo e bebendo do que lá houver, pois o operário merece seu salário. Não fiqueis andando de uma casa para outra. Em toda cidade em que entrardes e fordes bem recebidos, comei o que vos for servido, curai os doentes que lá houver e dizei-lhes: 'Chegou para vós o Reino de Deus'". Palavra da Salvação!

3. Refletindo

A cena do homem doente pedindo água mexeu profundamente com Irmã Teresa. Ela meditou aquilo tudo em seu coração. Aos poucos, a religiosa foi entendendo que Deus estava dando para ela uma nova missão: dedicar-se de forma plena aos mais pobres e abandonados da Índia. Era algo muito exigente, mas a religiosa não desanimou. Com a ajuda do arcebispo de Calcutá, que se tornou seu diretor espiritual, Irmã Teresa deixou sua antiga Congregação e começou um trabalho, em 1948, na periferia de Calcutá, inicialmente dando aulas ao ar livre para as crianças pobres.

Assim como Jesus enviou seus discípulos em missão, ele também chama cada um de nós para manifestarmos ao mundo sua misericórdia. Madre Teresa assumiu, de forma firme e determinada, esta nova missão que o Senhor lhe confiou: ela é um exemplo que nos inspira em nossa vida cristã.

4. Vivendo a Palavra

a) Reconheço os sinais de Deus em minha vida?

b) O que tenho feito pelos mais pobres e necessitados?

5. Oração final *(p. 7)*

6º Dia
Teresa de Calcutá:
presença amorosa de Deus

1. Oração inicial *(p. 6?)*

2. Palavra de Deus *(Mt 5,13-16)*
Disse Jesus: "Vós sois o sal da terra. Mas se o sal perder o sabor, com que se salgará? Não serve mais para nada, senão para ser jogado fora e ser pisado pelas pessoas. Vós sois a luz do mundo. Uma cidade construída no alto do monte não pode ficar escondida. E também não se acende uma luz para pô-la debaixo de um móvel. Pelo contrário, é posta no candeeiro, de modo que brilhe para todos os que estão na casa. Assim deve brilhar vossa luz diante dos outros, para que vejam vossas boas obras e glorifiquem vosso Pai, que está nos céus". Palavra da Salvação!

3. Refletindo
Ao deixar sua antiga Congregação, Irmã Teresa adotou um sári branco com bordas azuis, uma

roupa tipicamente indiana, com uma cruz: esse era agora seu hábito. Logo que Irmã Teresa começou seu trabalho com os pobres de Calcutá, algumas de suas ex-alunas decidiram juntar-se a ela. Agora ela já não estava mais só naquele árduo trabalho. Irmã Teresa logo começou a escrever as regras de sua nova Congregação, intitulada Missionárias da Caridade. Essa Congregação recebeu aprovação do Vaticano em 1950.

O cristão é chamado a ser luz no mundo, ou seja, deve ser sinal da presença amorosa de Deus no mundo. Ao mesmo tempo, deve ser o sal, ou seja, aquele que faz a diferença, que dá sabor. Temos por vocação ser o sinal do altíssimo para todos os que estão a nossa volta.

4. Vivendo a Palavra

a) Como cristão, vivo uma vida condizente com o Evangelho?

b) Sou um sinal de Deus para as pessoas a minha volta?

5. Oração final *(p. 7)*

7º Dia

Teresa de Calcutá: mãe dos pobres

1. Oração inicial *(p. 6)*

2. Palavra de Deus *(Lc 10,30-37)*

Retomando a palavra, disse Jesus: "Um homem descia de Jerusalém a Jericó e caiu nas mãos de assaltantes, que roubaram tudo o que tinha, agrediram-no a pauladas e fugiram, deixando-o quase morto. Por acaso descia um sacerdote por aquele caminho: viu-o e seguiu adiante. De igual modo um levita, chegando àquele lugar, ao vê-lo, seguiu em frente. Um samaritano, porém, que ia de viagem, chegou perto dele e, ao vê-lo, teve compaixão. Aproximou-se dele e fez curativos em suas feridas, derramando óleo e vinho; depois montou-o em seu próprio animal, levou-o a uma pensão e cuidou dele. No dia seguinte, tirou duas moedas e, entregando-as ao hospedeiro, disse-lhe: 'Cuida dele, e o que gastares a mais, na volta eu o pagarei'. Qual dos três, em tua opinião, comportou-se como próximo do homem que caiu nas mãos dos assaltantes? Ele respondeu: 'Aquele que o tratou com bondade'. Então Jesus lhe disse: 'Vai e faze o mesmo!'" Palavra da Salvação!

3. Refletindo

Madre Teresa, que iniciou sua missão com os pobres de Calcutá dando aulas para crianças pobres, com a ajuda de muitas pessoas e de suas companheiras Missionárias da Caridade, fundou asilos, orfanatos, casas de acolhida e escolas. A Congregação foi também expandindo-se para outros países. O trabalho de Madre Teresa recebeu reconhecimento internacional. Os pobres agora sabiam que havia alguém olhando por eles. O reino, trazido por Jesus, da misericórdia e do amor ao próximo é sua maior marca.

Agir com misericórdia e amar ao próximo deve ser atitude constante na vida do cristão. O Pai do Céu é misericordioso, por isso também devemos ser misericordiosos; e essa misericórdia deve manifestar-se, principalmente, àqueles que são mais pequeninos e pobres.

4. Vivendo a Palavra

a) Tenho agido com misericórdia em minha vida?

b) Faço com coração sincero ou apenas como ato social a caridade que prático?

5. Oração final *(p. 7)*

8º Dia

Teresa de Calcutá: promotora da Paz

1. Oração inicial *(p. 6)*

2. Palavra de Deus *(Mt 5,1-12)*

Vendo a multidão, Jesus subiu à montanha. Sentou-se, e seus discípulos aproximaram-se dele. Começou então a falar e os ensinava assim: "Felizes os pobres em espírito, porque é deles o Reino dos Céus. Felizes os que choram, porque Deus os consolará. Felizes os não violentos, porque receberão a terra como herança. Felizes os que têm fome e sede de justiça, porque Deus os saciará. Felizes os misericordiosos, porque conseguirão misericórdia. Felizes os de coração puro, porque verão a Deus. Felizes os que promovem a paz, porque Deus os terá como filhos. Felizes os que são perseguidos por agirem retamente, porque deles é o Reino dos Céus. Felizes sereis vós, quando os outros vos insultarem e perseguirem, e disserem contra vós toda espécie de calúnias por causa de mim. Alegrai-vos e exultai, porque recebereis uma grande recompensa no céu. Pois foi assim que eles perseguiram os profetas que vos precederam!" Palavra da Salvação!

3. Refletindo

Madre Teresa desenvolveu seu trabalho na Índia, um país multicultural. No entanto, ela conquistou o respeito e a consideração de todos os seguimentos da sociedade indiana, mesmo sendo os cristãos uma pequena minoria. Esse respeito nasceu, porque seu trabalho nunca se pautou apenas na religião, mas sim no amor e na misericórdia para com os mais sofredores, independentemente de religião ou casta. Como sinal de reconhecimento de seu serviço em prol da humanidade e da paz, Madre Teresa, no ano de 1979, foi agraciada com o Prêmio Nobel da Paz.

O Reino de Deus, trazido por Jesus, é o Reino da paz e da justiça onde todos são irmãos. Todo cristão é chamado a ser promotor da paz, pois o Reino de Deus é o Reino da paz.

4. Vivendo a Palavra

a) Sou promotor da paz e da concórdia entre as pessoas a minha volta?

b) Tenho respeito e consideração com as pessoas que professam uma religião diferente da minha?

5. Oração final *(p. 7)*

9º Dia

Teresa de Calcutá: toda de Deus

1. Oração inicial *(p. 6)*

2. Palavra de Deus *(2Tm 4,6-8)*
Quanto a mim, meu sangue está para ser derramado em libação, e o momento de minha partida chegou. Combati o bom combate, terminei minha corrida, guardei a fé. Agora só me resta a coroa da justiça que o Senhor, justo juiz, me dará naquele dia; e não somente a mim, mas também a todos os que aguardam com amor sua manifestação. Palavra do Senhor!

3. Refletindo
A saúde de Madre Teresa, desde a década de 1980, passou a declinar-se: ela sofreu dois enfartes, sendo que, em 1989, recebeu um marca-passo. Mas, mesmo assim, ela continuou a

trabalhar junto aos mais pobres. A religiosa faleceu no dia 5 de setembro de 1997, aos 87 anos. Seu funeral foi de chefe de estado e contou com milhares de pessoas. Madre Teresa foi beatificada pelo Papa São João Paulo II, em 2003, e canonizada pelo Papa Francisco, em 2016. Ela cumpriu sua missão e foi sinal da presença amorosa e misericordiosa de Deus no mundo. É uma santa de nosso tempo, e sua vida nos mostra que a santidade pode ser alcançada por todos aqueles que, com coração sincero, buscam a Deus.

4. Vivendo a Palavra

a) Tenho vivido a santidade como um propósito de vida?

b) O que mais me inspira no exemplo de Santa Teresa de Calcutá?

5. Oração final *(p. 7)*

Índice

Santa Teresa de Calcutá.................................3
Oração inicial..6
Oração final 7
Oração de Santa Teresa de Calcutá 8
1º dia: Teresa de Calcutá:
   assim nascem os santos 9
2º dia: Teresa de Calcutá:
   o chamado de Deus......................................11
3º dia: Teresa de Calcutá:
   missionária do Senhor..................................13
4º dia: Teresa de Calcutá:
   o Cristo, que vive nos sofredores 16
5º dia: Teresa de Calcutá:
   missionária da caridade 19
6º dia: Teresa de Calcutá:
   presença amorosa de Deus 22
7º dia: Teresa de Calcutá:
   mãe dos pobres..24
8º dia: Teresa de Calcutá:
   promotora da Paz 27
9º dia: Teresa de Calcutá:
   toda de Deus 30